AF229127

SODOME

NINIVE — JÉRUSALEM

ADMONESTATION A PARIS

PAR

LA M^{ise} DE GODEFROY-MÉNILGLAISE

Vendu au profit des Orphelins de la guerre

PARIS

A. JOUBY ET ROGER, LIBRAIRES-ÉDITEURS

7, RUE DES GRANDS-AUGUSTINS, 7

PAUL GROU, SUCC^R DE VATON | ROCHER, LIBRAIRE

50, RUE DU BAC, 50 | 26, FAUBOURG SAINT-HONORÉ, 26

SODOME

NINIVE, JÉRUSALEM

Lb⁵⁷ 3221

R.F. BIBLIOTHÈQUE NATIONALE

SODOME

NINIVE — JÉRUSALEM

ADMONESTATION A PARIS

PAR

LA M^{se} GODEFROY-MÉNILGLAISE

DÉPOT LÉGAL
Seine
1872

Vendu au profit des Orphelins de la guerre

PARIS

JOUBY ET ROGER, LIBRAIRES-ÉDITEURS

7, RUE DES GRANDS-AUGUSTINS, 7

1872

SODOME

1.

Le chaud soleil de l'Asie embrase la vallée de Mambré, et rend incandescent le sable du désert. Il faut laisser passer ces heures de plomb, dont Dieu ne demande point compte aux créatures.

Les serviteurs ont abandonné leurs travaux : les bergers s'étendent à l'ombre auprès des troupeaux assoupis, et les chameaux couchés ruminent... Les

femmes sont rentrées sous les tentes,
car, au moment où l'astre est dans
toute sa puissance, on doit éviter jusqu'à ses réverbérations. La vie paraît
suspendue, et les bruits à jamais éteints.

Cependant, vers midi, commence à
souffler la brise, et la cime des hauts
palmiers n'est plus immobile. Ces
feuilles, longues et flexibles, semblent
chargées de rafraîchir l'atmosphère par
leurs mouvements ondulés. Les animaux soulèvent leur tête alourdie et
retombent, jusqu'à ce que l'appel de
l'homme impose un devoir impérieux;
mais l'homme lui-même attend le si-
gnal de la reprise de ses fatigues.

Abraham sort de sa demeure, non pour montrer un front sévère. Il écoute ce silence plein de recueillement, et ne veut point hâter le réveil de la nature. D'ailleurs, quand le ciel et la terre se taisent, la voix humaine n'évite-t-elle point de se faire entendre !

Les serviteurs se lèvent lentement, sans qu'il y ait rien d'inquiet ni d'effaré dans leur attitude ; en retournant à leurs travaux, ils aiment à rencontrer le regard d'Abraham. Le patriarche s'est assis, prêt à donner des ordres et à recevoir des réclamations. Les uns s'approchent respectueusement ; d'autres saluent à distance ; et lorsque

se fait autour de lui la solitude, un
bruit nouveau attire son attention. Ce
n'est plus le pas lourd des serviteurs,
mais la démarche légère et vive de trois
étrangers. A leur aspect, il se pro-
sterne : « Seigneurs, dit-il, si j'ai trouvé
grâce devant vos yeux, ne passez point
sans vous arrêter ; reposez-vous sous
cet arbre. » Et tout ému de joie, il court
avertir Sara de cuire des pains sous la
cendre ; il choisit un veau et le fait tuer ;
il y joint du beurre et du lait ; on voit
son désir et l'on s'empresse, pendant
que lui, debout, sert les voyageurs.
Ceux-ci, rassasiés, se mettent à consi-
dérer Sodome, qui, sous le feu des der-

niers rayons du soir, semble frappée
déjà par la justice divine.

Alors le Seigneur se dit à lui-même :

« Puis-je cacher ce que je veux faire
à Abraham, ce chef d'un grand peuple
en qui toutes les nations seront bé-
nies ? J'entends le cri des iniquités de
Sodome et de Gomorrhe ; je descen-
drai, et je verrai si leurs œuvres ré-
pondent à ce cri. » Et deux des voyageurs se mettent en route. Abraham,
se tournant vers celui qui ne s'est point
éloigné, laisse échapper cet accent de
douleur : « Perdrez-vous le juste avec
l'impie ? S'il y a cinquante justes, pé-
riront-ils ?... » Et Dieu répond : « Je

pardonnerai, s'il y a cinquante justes.
— Mais s'il ne s'en trouve que qua-
rante-cinq? — Je pardonnerai. — Et
quarante? — La ville ne périra point.
— Mais s'il n'y en avait que trente?
—Sodome serait épargnée.—Et vingt,
Seigneur? — Ils attireraient encore ma
miséricorde. — Pardon, Seigneur, ne
vous fâchez point ; s'ils ne sont que dix
justes? — Je ferai grâce à tous les
autres. »

Et Abraham se retire en frémissant
encore.

Lot vit à l'écart dans la cité mau-
dite, dont les habitants lui ont voué
une sourde haine. Ils ne se souviennent

plus des services d'Abraham, quand
les rois, réunis dans la vallée des
Bois, — aujourd'hui la mer Salée [1], —
déclarèrent la guerre aux rois de Sodome et de Gomorrhe. Ceux-ci fuyaient,
suivis des restes de leurs peuples; et
les vainqueurs s'en retournaient char-
gés de dépouilles, entraînant Lot et sa
famille. Un homme échappé au désastre avertit Abraham; et lui, prenant les plus vaillants de ses nom-
breux serviteurs, mit les victorieux en
déroute, et délivra Lot et le peuple. Le
roi de Sodome le remerciait en disant :
« Donnez-moi les hommes et prenez le

___

[1] Expression de la Bible pour désigner la mer Morte.

reste ; » mais cette réponse du patriarche lui imposa silence : « Je jure par le Dieu très-haut que je ne recevrai rien, depuis le moindre fil jusqu'au cordon de soulier, afin que vous ne puissiez dire que vous avez enrichi Abraham. »

Lot, accablé de tristesse, s'est assis à l'entrée de la ville. Quoi de plus navrant que l'isolement imposé par la perversité des hommes? En considérant cette population détestable et sans Dieu, il ne peut retenir ses larmes ; les récentes fiançailles de ses filles l'empêchent de fuir ces lieux qu'il abhorre. Rappelé à lui par le même léger bruit qui frappa l'attention d'Abraham, il voit deux jeunes étrangers. Aussitôt, s'avançant et les saluant jusqu'à terre, il les conjure d'accepter son hospitalité : « Venez, je vous prie, mes seigneurs, dans la maison de votre serviteur ; vous laverez vos pieds et demain vous continuerez votre route. » Mais eux : « Nous n'irons point chez vous ; et nous demeurerons dans la rue. » Cependant, sans se rebuter, Lot insiste et les emmène.

A cette nouvelle, les habitants dépravés de Sodome entrent en fureur ; ils assiégent le toit du patriarche en proférant d'horribles menaces. Vainement Lot essaye de les apaiser; ils crient : « Vous êtes venu comme un étranger; est-ce afin d'être notre juge? » Et le repoussant violemment, ils se préparent à briser les portes; mais aussitôt frappés d'aveuglement, ils ne distinguent plus l'entrée. Exaspérés, ils tournent en tâtonnant autour de la maison, jusqu'à ce que la nuit les disperse. Alors les anges disent à Lot : « Avez-vous ici quelque proche; un gendre, des fils ou des filles? Hâtez-vous de les faire sortir. » Lot court avertir les futurs époux de ses filles : « Sortez promptement, dit-il; le Seigneur va détruire la ville; »

mais eux supposent qu'il se moque.

Dès l'aube, les anges pressent le neveu d'Abraham ; et le voyant différer encore, ils le prennent par la main, lui, sa femme et ses filles, et les entraînent vers la campagne : « Sauvez votre vie ; ne regardez point en arrière ; ne vous arrêtez nulle part jusqu'à ce que vous soyez sur la montagne. » Lot objecte en tremblant que voilà plus près une petite ville : « Elle est petite ; je puis m'y sauver ; vous savez qu'elle n'est pas grande ; elle me sauvera la vie ; » et l'ange promet d'épargner Ségor[1].

[1] *Ségor, petite.*

BIBLIOTHÈQUE NATIONALE — R. F. — IMPRIMÉS

2.

Déjà le soleil levant s'est dépouillé de sa robe éclatante ; le ciel a pris des teintes lugubres, semblables aux reflets rouges et sombres d'une éruption volcanique. L'atmosphère s'alourdit d'une façon étrange ; on entend des bruits lointains et menaçants ; les oiseaux ont cessé le chant de l'aurore et demeurent immobiles sur les branches ; les troupeaux se serrent en baissant la tête ; et leurs chiens, eux aussi la tête basse et la queue traînante, se refusent à s'éloigner du pâtre ; ils frémissent et grognent sourdement, comme dans le voisinage de quelque bête féroce. Les hommes, pâles et subitement affaiblis, s'étonnent eux-mêmes de leur démarche vacillante. Seuls, Lot et ses filles s'avancent en toute hâte, soutenus par une force invisible.

L'épouse curieuse a ralenti le pas. Incertaine, elle s'arrête sans détourner la tête. Tout l'avertit assez de l'accomplissement de la prophétie. Une terreur invincible suspend ses mouvements ; mais au moment où le déchirement du ciel se fait entendre, elle oublie tout et regarde Sodome. Alors, paralysée par l'épouvante, envahie par la tempête, asphyxiée par les vapeurs nauséabondes, elle devient comme une statue, et assiste, inerte, à sa propre transformation. Les vêtements, les bras et le visage recouverts d'une couche de sel à chaque instant épaissie par les efforts de l'ouragan, elle tente de crier, et le sel se précipite à flocons dans sa gorge et dans sa poitrine, elle ne vit plus : ce sel compacte l'a imprégnée, de manière à en faire un monument de la colère divine[1].

L'horreur s'empare des cités coupables ; le sol s'entr'ouvre ; les maisons s'écroulent ; une pluie de feu, de cendres et de soufre aveugle, suffoque et

---

[1] Voy. dans l'*Itin. à Jér.*, par Chateaubriand, et le *Voyage de Mgr Willis aux lieux saints*, tous les détails donnés sur les agglomérations de sel aux bords de la mer Morte.

tue ; les hurlements se mêlent aux cra-
quements effroyables ; une multitude
éperdue s'étouffe aux portes, s'échappe
au hasard, s'élance les vêtements en
flamme à travers la campagne, se heurtant aux arbres calcinés, ou glissant
dans les puits bouillonnants de bitume.
D'autres, qui n'ont osé sortir des maisons, périssent sous leur toiture écrou-
lée... A ces tumultes succède le silence
des tombeaux ; et vainement cherche-
rait-on la forme d'un être ayant eu vie :
le vent soulève ces os noircis et les dégage de leur poussière.

Les bruits sinistres ont retenti jusqu'à Abraham. Il tremble en se rappe-

lant Sodome. Sortant de sa tente, il voit d'abord la nuit sombre et rougeâtre, puis l'embrasement de la terre et des cieux. Un gémissement part de son âme, et plusieurs fois il appelle Lot; mais le Seigneur lui fait sentir que *ce seul juste* est épargné.

Enfin, ce ne sont plus que des tourbillons de fumée et des clameurs affaiblies. Abraham est errant à travers les débris. Les puits de bitume commencent à s'éteindre; l'atmosphère est saturée de sel et de soufre; le sol fissuré comme après un tremblement de terre. De Sodome et de Gomorrhe, il ne reste que des ruines; et la *petite Ségor* intacte, en bas de la montagne, devient reine aujourd'hui, comme l'oasis au désert.

NINIVE

Ninive, la cité puissante, s'enorgueillit de sa magnificence, de ses monuments aux proportions colossales, et de ses dieux, géants de bois et de pierre, dont le temple égale en splendeur le palais des rois. Les murs en sont revêtus de peintures éblouissantes, et des prêtres menteurs s'y enrichissent de tout ce qu'un peuple crédule apporte pour les sacrifices.

Le roi d'Assur convie à des festins qui ont des semaines et des mois de durée. Dans des salles aux colonnes de marbre, tendues de voiles de diverses couleurs, des lits d'or et d'argent sont rangés sur les dalles de porphyre, et des coupes précieuses circulent, remplies des vins les plus exquis. Alors saisis par l'ivresse, les convives retombent endormis sur leur couche voluptueuse, et ne reviennent à eux que pour perpétuer l'orgie. Seule, l'ardeur du gain les détourne de ces jouissances. Se livrant à de honteux trafics, ils oppriment de petites nations qui n'osent tenter de se défendre. Telle est leur vie désordonnée. Les idoles n'en sont point émues, mais ils ont encouru la colère du vrai Dieu.

Sur une plage déserte, un homme marche abattu, la tête courbée vers la terre, et comme en proie à quelque sinistre pressentiment. L'aspect des lieux ne le préoccupe guère ; il va droit devant lui, se heurtant au premier obstacle. Cet homme, au visage humble et doux, c'est Jonas le prophète ; il cherche la solitude afin de se soustraire à l'accablant fardeau de la vie ; et il ne s'aperçoit même point du calme serein de la nature. Soudain, comme un vent impétueux, ce commandement divin

3.

ébranle tout son être : « Allez en la grande ville de Ninive, dont la malice s'élève jusqu'à moi. » Jonas, frappé d'épouvante, se hâte et s'arrête alternativement ; il voudrait objecter sa faiblesse, mais la voix ne se fait plus entendre, et, livré à lui-même, il se résout à fuir de devant le Seigneur. Courant vers un navire prêt à faire voile vers Tharsis, il y entre et paye son passage.

Le petit bâtiment s'éloigne du port, et les matelots remarquent d'heureux présages. On ne voit plus que l'immense nappe des eaux reflétant l'éclat du soleil. Bientôt les vagues se soulèvent et blanchissent, semblables à des troupeaux bondissants. Poussées par une force inconnue, les liquides ondulations deviennent des pics et des gouffres. Le frêle esquif suit ces mouvements désordonnés, tantôt porté au plus haut des lames, tantôt plongé dans les profondeurs incommensurables. Les matelots, suspendus aux cordages, descendent les voiles au risque d'être précipités ; les mâts tombent tout entiers comme de grands pins déracinés ; le pont craque, battu par des montagnes liquides, semblables au bélier qui ébrèche une forteresse ; les passagers se réfugient sous les planches disjointes; les marchandises sont jetées à la mer; le bâtiment penché et ballotté n'offre plus de résistance. On a tenté de retourner au port; mais l'élément furieux ne laissait point d'issue. Tous ces vivants sont à leur dernière heure; ils adressent à grands cris des invocations.

Jonas, au fond du navire, s'est endormi avant la tempête. Le pilote se souvient et lui crie : « Levez-vous et priez votre Dieu; peut-être ne permettra-t-il point que nous périssions. » Mais Jonas n'ose joindre ses mains... Les mariniers s'écrient : « Tirons au sort; sachons d'où ce malheur nous vient. »

Et le sort tombe sur le prophète. Alors, de tous côtés, partent ces interrogations : « D'où êtes-vous? où allez-vous? quel est votre peuple? Apprenez-nous la cause du malheur où nous sommes. » Jonas répond : « Je suis Hébreu; je sers le Dieu du ciel, qui a créé la mer et la terre. » Et humblement il confesse sa faute.

Tous s'écrient à la fois : « Pourquoi avoir agi ainsi? Que nous ferez-vous pour être sauvés? » Et déjà les bras se tendent. Le tumulte est épouvantable; on entend à peine la voix éteinte du prophète : « Prenez-moi, dit-il, et me jetez par-dessus le bord; je suis la cause de ce désastre. » Aussitôt les matelots s'écrient : « Seigneur, que la mort de cet homme ne cause point notre perte, puisque c'est vous qui l'avez voulu ! » Et, se saisissant de Jonas, ils le lancent à la mer.

Comme un cheval écumant et dompté, l'élément se soumet au frein invisible; la brise succède à l'ouragan, et à l'aide de quelque lambeau de voile, la coque légère poursuit sa route.

Jonas n'a point péri; un monstrueux poisson [1] l'a recueilli dans ses entrailles, et mieux qu'un frêle esquif le trans-porte à travers les mers. Bercé douce-

[1] La Bible ne dit point que ce fût une baleine.

ment, il entonne un sublime cantique.

« Vous m'avez jeté à la mer, et les flots m'ont inondé. L'abîme m'enveloppait de toutes parts ; je suis descendu jusqu'aux racines des montagnes ; je me suis vu comme exclu de la terre ; et néanmoins vous préservez ma vie [1]... »

Trois jours se sont écoulés, et sur la grève est déposé le prophète : « Allez, dit le Seigneur, en la grande ville de Ninive. » Jonas n'objecte rien ; il entre dans l'immense cité, et répète à haute voix : « Dans quarante jours Ninive sera détruite ! » Les Ninivites sont saisis d'effroi. Le roi descend du trône, se

---

[1] Voy. dans *Jonas* la suite de ce cantique.

couvre d'un sac et s'assied sur de la cendre. Il fait publier cet édit : « Que les hommes, les chevaux, les bœufs et les brebis restent sans nourriture. Que les bêtes n'aillent point au pâturage, et qu'on ne leur donne point d'eau; que les hommes et les animaux soient couverts de sacs, que chacun se convertisse en quittant sa mauvaise voie et l'iniquité dont ses mains sont souillées. Qui sait si Dieu ne nous pardonnera pas? »

La pénitence publique surpasse encore ces ordres sévères; tous les visages sont inondés de larmes, et sur la terre nue, des hommes, des femmes,

des enfants gisent humblement pro-
sternés. A cette vue, Dieu pardonne à
Ninive...

Jonas succombe à sa douleur; il
craint d'être pris pour un faux prophète. « N'est-ce point là, Seigneur, ce
que je vous disais lorsque j'étais encore
dans mon pays? Je savais que vous
êtes plein de miséricorde, et que vous
oubliez les péchés des hommes. Reti-
rez mon âme de mon corps; la mort
m'est meilleure que la vie. » Et le Seigneur : « Croyez-vous votre colère
bien raisonnable? »—Mais Jonas n'entend plus que ses propres gémisse-
ments; il sort de la ville et marche au

hasard, fuyant ce peuple absous dont il avait prédit la perte. Cependant il s'assied sous un couvert de feuillage, afin d'attendre encore ce que deviendra Ninive. — Le soleil envahit sa retraite, et nul autre abri ne s'offre à ses regards; mais le Seigneur fait croître un lierre qui vient ombrager sa tête, et Jonas, touché, oublie sa douleur. »

Le lendemain, un ver, en piquant l'arbuste, l'a desséché!... Jonas désespéré s'écrie : « La mort m'est meilleure que la vie! » et le Seigneur : « Avez-vous raison de vous fâcher pour ce lierre? — J'ai raison de me fâcher jusqu'à souhaiter la mort. — Eh quoi!

vous vous fâchez pour une plante née
en une nuit, crue sans vous donner
nulle peine, et desséchée la nuit sui-
vante ; et je devrais ne pas pardonner
à Ninive, où plus de cent vingt mille
personnes ne savent discerner leur main
droite de leur main gauche, et où il y
a grand nombre d'animaux?... »

Deux siècles se sont écoulés depuis
que le Seigneur t'a fait grâce, ô Ninive, et tu as oublié la menace et la
miséricorde ! Tu t'es enivrée de tes
prospérités, souillée de sang et de four-
berie, de rapines et de brigandages, de

sortiléges et d'enchantements. Tu as pillé et dispersé les Israélites, en les insultant par tes ambassadeurs. Tu as plus amassé d'or qu'il n'y a d'étoiles au firmament. Tu as dit : « Je suis ; et hors de moi, tout le reste n'est rien [1]. » Ton roi Nabuchodonosor a dit à Holopherne : « Va, extermine tous les dieux de la terre, et apprends aux peuples que tu soumettras qu'il n'y a pas d'autre dieu que moi[2]. » Ton roi Sennachérib a dit aux habitants de la Cité sainte : « Il en sera de Jérusalem comme de Samarie ; votre Dieu ne la sauvera

[1] Voy. les prophète Nahum, ch. ii et iii, et Sophonie, ch. ii, v. 15.
[2] Judith, ch. iii, v. 13.

pas [1]. » Mais il va en advenir de tes prospérités comme d'une multitude de hannetons qui couvrent la terre et s'envolent ; car maintenant, ô Ninive, ton tour est venu !...

Quels sont ces fiers guerriers vêtus de pourpre, et dont les armes étincellent ? Leur visage lance des foudres et des éclairs. Le nombre en est effrayant. Sur les routes encombrées, les chariots se heurtent, et ceux qui les conduisent ont toutes les fureurs de l'ivresse... Bientôt les plus vaillants se précipitent au combat ; ils escaladent les murailles et s'abritent par des machines. Les

[1] Les Rois, ch. XVIII.

4.

fleuves ont débordé, sapant les défenses de la ville ; le feu dévore les portes ; en vain le peuple court puiser de l'eau pour éteindre le brasier incandescent, et façonner des briques afin de réparer les remparts ; l'armée du roi de Babylone est victorieuse. Elle détruit tout sur son passage, et du temple il ne reste pas pierre sur pierre. L'or, les vases et les meubles précieux sont emportés par la soldatesque.

On ne rencontre que des hommes dont les genoux tremblent, dont les corps tombent en défaillance, dont les visages sont noirs et défigurés. Les citoyens cherchent à s'échapper ; les

femmes sont emmenées captives. Vainement la grande voix de Ninive crie :
« Au combat ! au combat ! »

Ceux qui verront ces ruines retourneront sur leurs pas en disant : « Ninive est détruite. Que sont devenus sa caverne de lions et ses lionceaux au pâturage? O roi d'Assur, vos pasteurs et vos gardes se sont endormis; vos princes aussi ; et votre peuple s'est caché dans les montagnes !... »

JÉRUSALEM

Les Juifs insensés ont tué le Christ
et persécuté ses disciples; ils ont mar-
tyrisé Jacques et Étienne; ils ont em-
prisonné les apôtres. Vainement Pierre
et Paul traînés au supplice ont de nouveau prédit la ruine de Jérusalem [1]; le

<hr>

[1] Voy. pour tout ce tableau le second volume de
l'*Histoire de Jésus-Christ*, par **M.** de Jessé, citant Josèphe, Tacite; l'*Histoire eccl.* d'Eusèbe, etc. — Voy.
aussi le *Discours* de Bossuet *sur l'histoire universelle.*

déicide a rendu leur aveuglement invincible.

La peste sévit à Rome, en Campanie
et en Judée. Des tremblements de terre
ébranlent l'Asie et l'Europe; une co-
mète en forme d'épée resplendit au-
dessus de la cité autrefois sainte, et
des chariots remplis de gens armés for-
ment dans les airs un cercle qui l'en-
vironne. Dans le temple, l'autel du
Très-Haut rayonne d'une lueur éblouis-
sante; une massive porte d'airain s'ouvre d'elle-même, et l'on entend ces
mots : « Sortons! sortons! » pronon-
cés par les esprits célestes. Alors un
rabbin épouvanté s'écrie : « O temple!

qu'est-ce qui t'émeut, et pourquoi te faire peur à toi-même? »

Pendant la fête des Tabernacles, un paysan jette cette clameur insensée : « Voix du côté de l'Orient! voix du côté de l'Occident! voix du côté des quatre vents! voix contre Jérusalem et le Temple! voix contre les nouveaux mariés! voix contre tout le peuple! » Et jour et nuit il la répète. On le fustige; on le conduit au gouverneur, qui le fait fustiger encore; tout le temps il s'écrie : « Malheur! malheur à Jérusalem! » Sa voix, les jours de fête, a des éclats retentissants. Plus tard, durant le siége, il parcourra les murailles en criant :

« Malheur à Jérusalem ! » et criant plus fort encore : « Malheur à moi ! » il sera tué par une pierre partie d'une machine de guerre.

Partout se signalent les faux Christs et les faux prophètes. Ne voulant point de paix avec les Romains, tantôt ils s'engagent à diviser les eaux du Jourdain, tantôt par leurs prestiges ils se font suivre de toute une armée. Cependant les hommes de foi qui croient aux prophéties se hâtent de quitter Jérusalem.

Cestius, gouverneur de Syrie, commence le siége sans mettre à profit la terreur, les séditions, ni les intelligences qui lui sont offertes. Le peuple court aux armes, malgré le sabbat et la fête des Tabernacles, et son choc désordonné fait reculer les assaillants; mais bientôt Cestius reprend l'offen-sive et s'établit à la haute ville dans le palais des rois. Las déjà de cette courte lutte, il songe à négocier ou à livrer l'assaut, pendant qu'à l'intérieur des perturbateurs obligent les partisans de la paix à s'élancer du haut des mu-railles.

Cestius et ses archers attaquent le Temple sous une pluie de traits lancés du faîte des portiques. Alors, formant de leurs boucliers comme la carapace

d'une immense tortue, ils emploient la
sape et le feu; puis, quand les assiégés
en sont réduits à fuir ou se rendre, Cestius renonce à ses projets et retire son armée à la faveur de la nuit et des défilés.

De toutes parts, les garnisons juives
se réfugient dans Jérusalem. Faux dé-
fenseurs de la patrie, ces insolents sol-
dats se surnomment zélateurs; d'autres
les appellent factieux. Repoussés dans
l'intérieur du Temple, ils y sont assiégés par Aranus, le grand sacrificateur; mais un jour d'orage, des cliquetis effrayants se mêlent aux éclats
de la foudre. C'est Jean de Giscala con-
duisant les Iduméens. La troupe d'A-

ranus jette ses armes et s'écrie : « Ne sommes-nous point du même sang que vous, et n'avons-nous pas le même temple? » Mais les Iduméens les culbutent pour aller piller leurs maisons, celles surtout des riches et des sacrificateurs, et leur fureur n'est point assouvie par la vue de quatre-vingt-cinq mille cadavres; ils ne souffrent même point qu'on les pleure ou qu'on les ensevelisse.

Des Juifs se rendent à Vespasien, au risque d'être massacrés dans leur fuite. A la tête d'une bande de brigands, Simon, fils de Gioras, empêche les gens de la campagne de se réfugier dans Jé-

rusalem, quand Titus vient venger l'in-
succès de Cestius... Simon défendra la
ville basse, Éléazar la haute ville avec
les zélateurs ; Jean de Giscala tiendra
dans l'intérieur du Temple. Tantôt ils
continueront à s'attaquer au milieu des
ruines, tantôt ils combattront l'ennemi
commun.

Titus se hâte de construire des plates-
formes et des tours revêtues de plaques
de fer.

Pendant la nuit, l'une d'elles s'é-
croule. Les Romains se croient trahis ;
ils s'élancent pêle-mêle et sapent l'enceinte à l'aide du bélier Nicon [1]. Titus,

---

[1] Victorieux.

maître d'un quartier de la ville, campe dans la vallée de Cédron. Aussitôt les machines s'attaquent au Temple, et les Juifs, consternés, se bornent à maudire. Titus s'oppose à l'incendie. Des généraux conseillent de détruire ce foyer de révolte; d'autres de le préserver si les Juifs cessent de s'y défendre; mais Titus n'entend point se venger sur des pierres inanimées; il reporte la lutte dans les rues étroites de Jérusalem. Les Romains, cernés aux extrémités, font des efforts désespérés; les uns s'échappent par la brèche; Titus dégage les autres au péril de sa vie; puis, considérant les vallées comblées

de cadavres, il prend ses dieux à témoin
du désir qu'il a eu d'abréger la guerre.

Les assiégés triomphent follement,
comme s'ils avaient eu affaire à toute
l'armée. Pendant trois jours, ils sou-
tiennent l'assaut; mais le quatrième,
Titus en livre un décisif qui leur fait
abandonner l'enceinte reconquise.

La famine étend ses ravages dans la
ville investie ; pour un peu de froment,
les riches livrent tout ce qu'ils possè-
dent; ils ne font plus moudre le grain;
ils n'ont plus de table servie ; ils se hâtent de dévorer les viandes retirées sai-
gnantes des charbons ardents, de peur
des factieux qui viennent arracher aux

vieillards leur nourriture, suspendre les adultes et leur enfoncer des pointes dans les chairs, afin de découvrir les ressources cachées. Ces barbares osent même s'emparer des herbes que les pauvres recueillent à grand risque en dehors de la ville; et ce qu'ils ne leur disputent point, c'est le cuir des chaussures, ou la vieille fiente de bœuf ramassée dans les sentines. Mais ne pouvant se rassasier à loisir, ils se livrent à de vaines fureurs; ils écrasent les nouveau-nés, dépouillent les morts, et essayent le fil de leur épée sur tout ce qui donne encore quelque signe de vie.

Une femme riche, réduite à l'excès

de la misère, demande en vain d'être tuée ; ils volent vers d'autres exploits. Affamée et presque en démence, elle parcourt sa maison en serrant son enfant contre sa mamelle desséchée. D'abord elle l'étreint avec une sorte de folle angoisse, afin de faire cesser ses cris et ses agitations convulsives. L'œil égaré, les cheveux épars, laissant échapper de rauques exclamations, elle poursuit sa course effrénée. Ce n'est plus une mère, c'est un être sauvage auquel nul n'oserait essayer de soustraire sa proie. Enfin, prenant par les pieds la créature vagissante, elle la brise contre terre, la cuit, en dévore une partie et

enfouit le reste ; et quand les spolia-
teurs se présentent attirés par l'odeur
d'une chair rôtie : « Oui, dit-elle,
c'est mon propre fils dont j'ai versé le
sang. Mangez-en, puisque j'en ai mangé
moi-même ; sinon, je l'achèverai. »

Titus fait le serment de détruire Jérusalem, afin que le soleil n'éclaire plus
de tels festins ; et pour hâter la capitu-
lation, il montre aux assiégés ses ap-
provisionnements, il fait crucifier ceux
qui vont chercher des vivres. Les zélateurs garrottent, à la vue des Romains,
quelques-uns de ces malheureux, ac-
cusés d'être transfuges ; et Titus les jus-
tifie en en faisant mutiler plusieurs,

auxquels il rend la liberté. D'autres en fuyant avalent leur or, et sont éventrés par les Arabes de l'armée romaine.

Ces grandes calamités ne suspendent point la guerre civile. Jean, chassé du palais, se réfugie au Temple; et le peuple appelle à lui Simon le tyran et le prévaricateur. On repousse cette troupe assaillante du haut du Temple et des nouvelles tours. L'une d'elles surmonte le Pastoforion, d'où la trompette du sacrificateur annonçait la première et la dernière heure des jours de fête.

Titus consulte ses capitaines. Les uns sont pour l'assaut; d'autres jugent inutile d'attaquer des gens qui s'entretuent ; d'autres encore demandent de plus complets travaux d'investissement. Au milieu de faubourgs ruinés et de jardins détruits, Titus élève un mur de circonvallation. Par une nuit sombre, les Romains franchissent la brèche, pénètrent dans la forteresse Antonia, et massacrent la garnison endormie ; leurs cris et le cliquetis des armes répandent au loin l'épouvante. Titus paraît ; le peuple se réfugie au Temple, ou dans la mine préparée contre les assiégeants. Les factions cessent de s'entre-détruire ; on transporte au sommet de l'édifice toutes les machines de guerre ; les zélateurs, couverts de sang, envahissent les lieux saints, et Titus, du pied des remparts, leur adresse ces reproches : « Impies, ne sont-ce point vos ancêtres qui ont environné ce lieu de balustrades? ne sont-ce point eux qui ont gravé sur des collines la défense de passer ces bornes? et ne vous ai-je pas promis la mort des Romains qui enfreindraient cet ordre?... Je prends à témoin vous tous et mon armée, que si vous sortez, nul Romain n'entrera, et que malgré votre action, je consacrerai ce Temple célèbre. » Mais ces paroles semblent jetées au vent, et les factieux continuent leur œuvre.

Alors un soldat romain, poussé par

l'action divine[1], se fait hisser près d'une ouverture et lance un brandon enflammé. Titus pénètre, et voit autour de l'autel des ruisseaux de sang. Émerveillé des splendeurs du sanctuaire, il crie d'éteindre l'incendie, et menace de mort les dévastateurs ; mais on feint de ne point l'entendre, et les portes revêtues d'or sont déjà consumées. Titus n'a que le temps de se soustraire à l'embrasement. Les sacrificateurs, armés de broches de fer, escaladent les murailles, ou se précipitent dans la fournaise.

Une seule galerie est encore intacte.

[1] Josèphe dit : *Par un mouvement divin*.

Poussés par de faux prophètes, six mille vaincus s'y sont réfugiés ; mais à l'aspect des torches, ils pressentent une mort horrible, et cherchent à s'échapper de l'immense bûcher qui s'effondre.

Les zélateurs, debout au milieu des pierres calcinées, essayent de tenir leur serment de ne point se rendre. Cernés et empêchés d'en venir aux mains, ils se glissent derrière les décombres, et massacrent les Juifs exténués. Enfin, perdant tout espoir, ils se cachent dans les égouts ou s'élancent vers la montagne.

Simon et Jean, abandonnés, se jettent le visage contre terre en se reprochant mutuellement leur folie, et, dans cette attitude, ils restent longtemps immobiles. Enfin, *chassés de Dieu*[1], ils abandonnent les tours inexpugnables d'Hippicos, de Phazaël et de Marianne, où les Romains entrent sans coup férir. Titus, en les considérant, s'écrie que c'est bien Dieu qui les lui a livrées, et jure de les conserver pour que les siècles admirent l'étonnant châtiment des Juifs.

Les vainqueurs se vengent de la durée du siége en détruisant de misérables restes. Les vieillards, les débiles ne sont non plus épargnés que quelques

[1] Expression de Josèphe.

dernières maisons fumantes. Cent mille
captifs survivent à onze cent mille habitants [1]... Voués en Égypte aux travaux
publics, réservés dans les provinces ro-
maines aux jeux du cirque, vendus aux
nations voisines, ils ne laisseront à Jérusalem que peu de témoins des mal-
heurs de la patrie, et soixante ans plus
tard, les descendants de ces derniers
seront vendus ou taillés en pièces, après
avoir suivi le faux Messie, *Fils de l'étoile.*
Plus tard encore, Julien l'Apostat, bra-
vant les prophéties, tentera la recon-
struction du Temple, et sera vaincu

[1] Il y avait l'agglomération de multitudes venues pour
œ fêtes de Pâques.

par des globes de feu. Des étrangers rebâtiront Jérusalem ; elle appartiendra successivement aux Romains, aux Grecs, aux Sarrasins, aux chrétiens d'Orient et aux Turcs : « Les nations la fouleront aux pieds jusqu'à ce que leur temps soit accompli ; » et jusqu'à la fin des siècles on pourra lui appliquer ces paroles de saint Jérôme : « Les perfides colons qui ont tué les serviteurs, puis le Fils unique du Père de famille, n'entrent dans Jérusalem que pour y pleurer, et à prix d'argent. Après avoir acheté le sang du Christ, ils sont réduits à payer les larmes qu'ils versent sur les ruines de leur ville. »

. . . .

. . . .

Et toi, cité resplendissante des temps modernes; toi qui, sortie d'un îlot de la Seine, et nommée d'abord *ville de boue*, t'es développée sous l'effort des siècles en des proportions colossales; toi dont la vie circule avec bruit dans tes larges artères; toi dont les vitrines offrent aux regards toutes les tentations de la convoitise; toi dont les boulevards étalent le temple du plaisir aux obscènes caryatides; toi qui permets au mal de s'imposer et de corrompre, en saturant tes arts, tes sciences et tes lettres; toi qui méprises le jour du Seigneur; toi qui, aux heures de colère, laisses assassiner tes rois et tes prêtres et anéantir dans les flammes l'orgueil de tes édifices;... Paris, serais-tu donc tout à la fois Sodome, Ninive et Jérusalem?... la ville de boue, la ville aux insolents trafics, la ville impie qui tue ses prophètes?...

Si, comme Sodome, tu n'as point été réduite en poudre, c'est que tu possédais plus de dix justes; si tes vainqueurs t'ont laissée libre, c'est qu'on priait dans tes églises; s'il reste de toi pierre sur pierre, c'est que chrétienne, en dépit de toi-même, tu renfermes le bien et le mal, la pureté et l'ignominie, la famille et le communisme, la charité et les honteuses dilapidations, la prière et le blasphème, la compassion et le crime, les victimes et les meurtriers : victimes qui pardonnent, bénissent et remercient en entrevoyant la palme; c'est qu'il y a en toi l'amour du pays, paralysé peut-être, mais non anéanti par l'égoïsme et la lâcheté; c'est que tu renfermes l'âme et la brute, l'esprit et la matière, et enfin, et surtout, c'est que Jésus sauveur descend sur tes autels, malgré Satan et sa milice.

Mais maintenant qu'on répare tes ruines et qu'on ne châtie point tes cou-

pables, prends garde à cette impunité;
redoute de t'enivrer encore de tes fausses
grandeurs, et ne sois plus la statue
d'or, d'argent, de fer, d'airain aux pieds
d'argile.

FIN

PARIS. — IMP. SIMON RAÇON ET COMP., RUE D'ERFURTH, 1.

www.ingramcontent.com/pod-product-compliance
Lightning Source LLC
Chambersburg PA
CBHW051120050726
47594CB00003B/885